Kochen mit Cocolino – Das Partybuch

© 2012
AT Verlag, Aarau und München
Bildaufbereitung: Vogt-Schild Druck, Derendingen
Druck und Bindearbeiten: Firmengruppe APPL, aprinta Druck, Wemding
Printed in Germany

ISBN 978-3-03800-607-7

www.at-verlag.ch

# oski & oski
# KOCHEN MIT COCOLINO
## DAS PARTYBUCH

AT Verlag

# Kochhüte

 Sehr einfache Rezepte sind mit 1 Kochhut bezeichnet.

 Diese Rezepte sind ein bisschen schwieriger. Ihr müsst alles gut vorbereiten und das Rezept genau einhalten.

 Masse und Angaben genau einhalten. Vielleicht muss euch Mama oder Papa helfen.

# Abkürzungen

| | |
|---|---|
| l | Liter |
| dl | Deziliter |
| g | Gramm |
| EL | Esslöffel |
| TL | Teelöfel |
| Msp | 1 Messerspitze (Gewürz oder Salz) |

Die Rezepte sind jeweils für eine unterschiedliche Anzahl Personen – für grössere oder kleinere Partys oder Buffets – berechnet. Klassiker, die sich auch für den Alltag eignen, sind meistens für 4 Personen angegeben, einige Rezepte auch in kleinerer Menge, sodass man sie für eine beliebige Anzahl Personen vervielfachen kann.

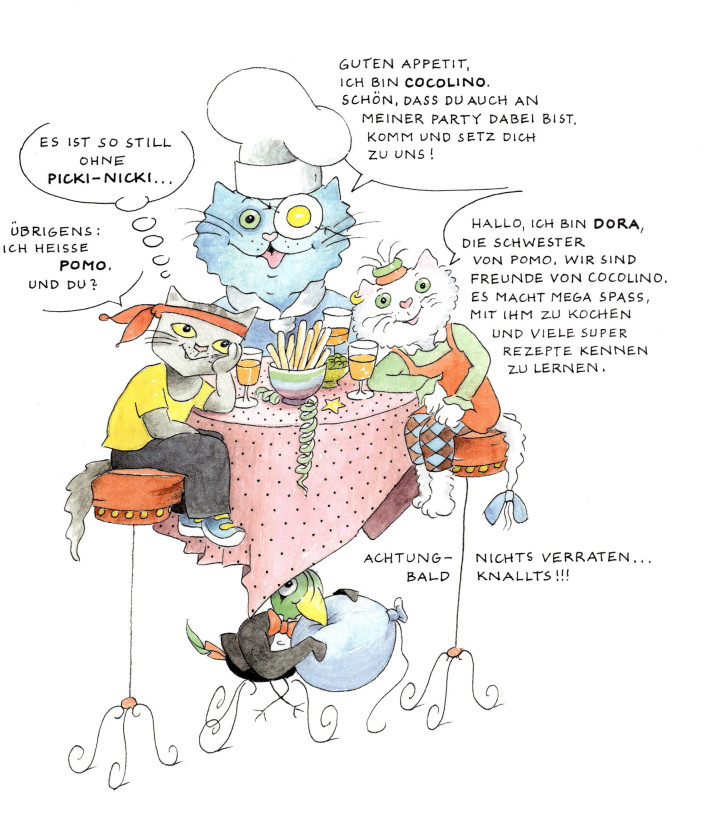

Wenn Cocolinos Baumhaus mit bunten Luftballons dekoriert ist, kann das nur eines bedeuten: Es ist wieder Partyzeit!

In Cocolinos Küche duftet es bereits so köstlich, dass die Nasenflügel flattern. Wieder sind Pomo und Dora zu ihrem Freund gekommen, um dem Meisterkoch zu helfen. Aber vor allem, um neue Rezepte zu entdecken. Und um zu lernen, wie Cocolino eine unvergleichliche Party organisiert.

«Wann gehts endlich los?», kräht Picki-Nicki ungeduldig und späht schon aus dem Küchenfenster nach den ersten Gästen.

# Partyfieber

Kein Fieber haben Kinder lieber
als das heisse Partyfieber,
denn es kribbelt dann in ihnen,
wie in einem Stock voll Bienen.
Und es dampft in ihren Köpfen
wie in Cocolinos Töpfen.
Träume machen den Spagat,
wenn die grosse Party naht.

Kein «Hokuspokus» liebe Kinder,
zaubert ein Fest aus dem Zylinder.
Hofft nicht auf Partyhilfegeister.
Nur Cocolino ist der Meister!
Seid ihr bereit mit ihm zu starten,
zum Fest in Haus, Wald oder Garten?
Es ist kein Katzenkoch zu klein,
um Party-Champion zu sein.

Es braucht gar viele kleine Dinge,
damit die Party gut gelinge.
Um euch dabei zu unterstützen,
wird Cocolinos Hilfe nützen.
Es ist die schlaue Partyliste
aus Cocolinos Zauberkiste.
Wenn ihr den Inhalt gut studiert,
klappt eure Party garantiert.

# Die superschlaue Partyliste...

Eine gelungene Party hat viel mit guter Organisation und mit den richtigen Vorabklärungen zu tun. Eine Kinderparty oder eine Familienparty mit Erwachsenen können sich in der Menügestaltung und in der Wahl der Tischgedecke unterscheiden. Die Angaben auf den folgenden Listen gelten für beide Arten von festlichen Anlässen. Nehmt Schreibzeug und Papier und beginnt!

### Wir planen eine Party

- Grosse Partys müsst ihr rechtzeitig planen, Partys bis 6 Personen gehen auch kurzfristig.
- Klärt mit Mama und Papa ab, ob ihr die Party planen und durchführen dürft. Vielleicht helfen sie bei der Organisation und der Durchführung mit.

### Grund der Party

- Name/Motto der Party
- Datum
- Ort
- Anzahl Gäste
- Art der Verpflegung
- Programm

### Vorbereitungen

- Gästeliste erstellen
- Einladungen schreiben
- Lokalität festlegen:
  im Garten, Gartenhäuschen, Zelt
  im Wald
  im Wohnzimmer, Kinderzimmer
  im Bastelraum, Keller
  in der Küche
  anderer Ort

# ... aus Cocolinos Partykiste

Materialliste für ... Gäste

### Alles für den Tisch
... Tische
... Bänke
... Stühle
... Hocker
... Tischtücher
... Servietten
... Messer
... Gabeln
... Löffel

### Geschirr für die Speisen
... Vorspeise
... Suppe
... Hauptspeise
... Dessert
... Tassen
... Platten
... Schüsseln
... Spiesschen für Apéro und Früchte

### Gläser für die Getränke
... Apérogläser
... Wassergläser
... Sirupgläser
... Bowlengläser
... Karaffen
... Eiskübel

### Dekoration
... Kerzen
... Windlichter
... Blumen

... Girlanden
... Papierschlangen
... Ballons
... Dekorationen
... Tischkärtchen

### Anderes
- Musik
- Fotograf
- Video/Film
- Partyzeitung
- Verkleidungen

Noch mehr auf www.cocolino.ch

### Woher die Dinge nehmen?

Nicht alle Haushalte sind so ausgestattet wie Cocolinos Restaurant. Man kann aber mit Fantasie improvisieren oder bei Nachbarn oder Freunden etwas ausleihen.
Zum Beispiel könnt ihr anstelle von Platten sauber geputzte oder mit Alufolie überzogene Bretter als Unterlage für Sandwiches, Kuchen oder Torten verwenden.
Statt Schüsseln sind auch Kochtöpfe, Bratpfannen und anderes ein guter Ersatz.
Für Salate und Obst könnt ihr auch Blumentöpfe mit Folie auslegen.
Für Saucen könnt ihr Joghurtbecher nehmen.

# Picki-Nickis Geburtstag

Heute feiert Picki-Nicki Geburtstag. Die Morgensonne scheint durchs Fenster, und ein Sonnenstrahl kitzelt ihn so lange am gelben Schnabel, bis er aufwacht. Er hört Gitarrenklänge und die raue Stimme seines Freundes Cocolino, der ihm ein Geburtstagslied in die Ohren schmettert.

So schön beginnt der Tag für Picki-Nicki! Er ist schon ganz kribbelig vor lauter Vorfreude auf die Überraschungen, die seine Freunde für ihn vorbereitet haben.

## Party-Traum

Holunderblütensirup, Himbeersirup, Eis, gehackt, Sekt, alkoholfrei, Rosenblätter, ungespritzt und wohlriechend

1. Füllt in hübsche, fantasievolle Gläser je 1/2 cm Holunderblüten- und Himbeersirup. (Holundersirup, Rezept Seite 24)

2. Gebt Eiswürfel in einen starken Plastiksack und zerschlagt sie mithilfe einer kleinen Pfanne auf dem Boden.

3. Gebt 1 Esslöffel Eis in jedes Glas.

4. Füllt die Gläser mit Sekt auf und dekoriert den Partytraum mit einem Rosenblatt.

# Popcorn

1. Um die für 1 Portion benötigte Menge Popcornmais zu bestimmen, so viele Maiskörner in den Kochtopf füllen, dass der Boden des Topfs locker mit Körnern bedeckt ist; diese sollten also weder übereinander noch zu dicht nebeneinander liegen. Dann den Mais wieder herausnehmen.

2. Gebt 1 bis 2 Esslöffel Pflanzenöl in den Kochtopf und schaltet den Herd auf die höchste Stufe.

3. Streut dann die abgemessene Menge Popcornmais wieder in den Topf und schüttelt diesen hin und her, bis die Körner den Topfboden gleichmässig bedecken.

4. Jetzt setzt ihr den Deckel auf den Topf und wartet auf das Geräusch der aufspringenden Körner. Schaltet dann den Herd auf die mittlere Stufe zurück.

5. Wenn das Konzert unter dem Deckel so richtig begonnen hat, rüttelt den Topf kräftig hin und her. So fallen die Maiskörner, die noch nicht aufgeplatzt sind, auf den Topfboden zurück.

6. Wenn die Knallgeräusche allmählich aufhören, schaltet ihr den Herd aus, stellt den Topf beiseite und wartet noch kurz.

7. Dann erst hebt ihr den Deckel ab. Gebt das fertige Popcorn in eine Schüssel und streut je nach Belieben Zucker oder Salz darüber.

## Popcorn im Mikrowellenofen

Es gibt im Handel auch spezielle Angebote für die Zubereitung im Mikrowellenofen. Beachtet die Beschreibung auf der Verpackung.

# Aprikosen- und Mandelkonfekt

50 g   Mandeln, geschält
80 g   getrocknete Aprikosen, der Länge nach halbiert
100 g  dunkle Kochschokolade

1  Schneidet die Schokolade mit einem Sägemesser in kleine Stücke und gebt sie in eine tiefe Metallschüssel.

2  Füllt einen Topf zur Hälfte mit Wasser und lasst es aufkochen. Setzt die Schüssel mit der Schokolade darauf.

3  Die Schokolade schmilzt nun langsam. Rührt die süsse Masse mit dem Kochlöffel um.

4  Tunkt die Mandeln jeweils zur Hälfte in die Schokolade und legt sie zum Trocknen auf ein Backpapier.

5  Tunkt die Aprikosenviertel ebenfalls zur Hälfte in die Schokolade und legt sie auf Backpapier zum Auskühlen.

Kühl servieren!

## Tipp

Ihr könnt auch frische Erdbeeren oder Kirschen verwenden. Viel Vergnügen! Mmmmh!

# Apfelmus mit Schokowürmchen

Für 4 bis 6 Personen

2 dl Apfelsaft
800 g Äpfel
1 Zitrone, Saft
2 EL Zucker
1 Msp. Zimtpulver
2 EL Schokowürmchen

WIE KOMMEN DIE WÜRMCHEN IN MEINEN SCHNABEL?

1 Giesst den Apfelsaft in einen passenden Topf.

2 Schält die Äpfel, entkernt sie und schneidet sie in Stücke. Gebt sie dann zusammen mit Zitronensaft, Zucker und Zimt in den Topf und kocht sie zugedeckt weich. Lasst die Masse abkühlen und püriert sie.

3 Füllt das Apfelmus in Schalen oder Gläser. Zum Schluss streut ihr die Schokowürmchen darüber.

### Tipp

Wenn ihr wollt, könnt ihr einen Löffel geschlagenen Rahm und ein Pfefferminzblatt daraufsetzen.

# Die Regenbogenparty

Ein Gewitterregen prasselt auf Cocolinos Haus. Doch hinter dem Baum guckt schon wieder die Sonne hervor und scheint grell in die schwarze Wolkenwand. Wie von Zauberhand geschaffen, spannt sich ein grossartiger Regenbogen über das Land. Cocolino steckt seinen Kopf aus dem obersten Fensterchen und kann sich an dem Wunder und der Farbenpracht kaum sattsehen.

Wie ein Blitz kommt ihm eine Idee: «Die Regenbogenfarbenparty, ein buntes Fest mit Poesie.» Er schmunzelt und freut sich schon auf die bunten Kostüme und den farbigen Schmuck der jungen Gäste. Und auf die gemalten Regenbogenbilder, die gebastelten Tischdekorationen und die grossen schillernden Seifenblasen. Cocolino plant bereits und denkt sich die passenden Rezepte aus … es gibt doch Lebensmittel in allen schönsten Farben!

## Rezept für Seifenblasen

Es gibt verschiedene Arten, Seifenblasenflüssigkeit herzustellen. Ihr könnt sie natürlich auch in Spezialgeschäften oder im Supermarkt kaufen. Cocolino bläst Seifenblasen mit dieser Mischung:

1,2 dl  Spülmittel
4 dl  Wasser
1 Teelöffel  Maissirup (oder Ahornsirup)

1 Alle Zutaten sehr gut mischen.

2 Nach der Herstellung mindestens 2 Stunden oder noch besser 24 Stunden ruhen lassen.

3 Vor Gebrauch noch einmal umrühren, dabei aber Schaumbildung vermeiden.

# Regenbogen-Joghurt-Cocktail

Für 6 bis 8 Gläser

| | |
|---|---|
| 1 kg | Joghurt nature |
| 2 EL | Heidelbeerkonfitüre oder ½ dl Cassissirup |
| 3–4 EL | Zucker |
| 2 | Kiwi, geschält, klein gewürfelt |
| 6–8 | Pfefferminzblätter, gehackt |
| 1–2 TL | Vanillezucker oder 1 Vanillestängel, ausgekratzt |
| 1 dl | Apfelmus (siehe Seite 15) |
| 3 EL | Himbeer- oder Erdbeerkonfitüre oder Himbeersirup |
| 6–8 | Papierschirmchen |

1 200 Gramm Joghurt mit Heidelbeerkonfitüre oder Cassissirup in einer Schüssel gut verrühren, eventuell etwas Zucker beigeben und in die Gläser verteilen.

2 Kiwi, Pfefferminze, 150 Gramm Joghurt und 1 Esslöffel Zucker in einer Schüssel gut vermischen und eventuell mit etwas Zucker süssen. Auf die erste Schicht in die Gläser füllen.

3 250 Gramm Joghurt mit Vanillezucker oder -mark sowie 2 Esslöffel Zucker vermischen und in die Gläser füllen.

4 200 Gramm Joghurt mit Apfelpüree vermischen und eventuell etwas Zucker beigeben. Auch diese Schicht vorsichtig in die Gläser füllen.

5 Die restlichen 200 Gramm Joghurt mit Himbeer- oder Erdbeerkonfitüre vermischen und eventuell mit Zucker süssen. Ebenfalls in die Gläser füllen.

# Bunte Häppchen

Weil es wenig knallblaue Lebensmittel gibt, könnt ihr Cocolino als Figur auf Karton malen, ausschneiden und auf Häppchen stecken.

ICH BIN DOCH SCHON EIN HALBER REGENBOGEN!

Als Unterlage für die Häppchen könnt ihr Sandwichbrot oder Parisette verwenden, für süsse Leckereien Biskuits.

# Die Lachparty

Picki-Nicki sitzt auf dem Dach des Baumhauses und schüttelt sich vor Lachen, klopft sich auf seine dünnen Schenkel, hält sich den Bauch und wischt sich immer wieder Tränen aus den Augen. Er kichert und gackert, er grölt und gluckst. Pomo und Dora wollen wissen, worüber er denn so lachen müsse. «Ü-ü-ü-ü-ber nichts. Ich übe für Cocolinos Lachparty.» Die Katzengeschwister schauen sich fragend an. «Meinte er nicht eher eine Lachsparty?» Aber Picki-Nicki schüttelt, erschöpft vom Lachen, nur den Kopf. «Fragt doch Cocolino!»

Tatsächlich plant Cocolino eine Lachparty, zu der auch alle Nachbarskinder eingeladen sind. Er schmunzelt. «Kinder lachen sowieso während der halben Party von allein, und für die andere Hälfte werde ich einige Spiele und Witze vorbereiten und einen kurzen lustigen Film zeigen. Und ich habe vorgesorgt, dass es bereits bei den Vorbereitungen in der Küche etwas zu lachen gibt.» Pomo und Dora schneiden Grimassen, wie wenn die Lachparty schon begonnen hätte.
Da meint Cocolino etwas ernster: «Ihr sollt aber nicht gleichzeitig essen, trinken und lachen, sonst verschluckt ihr euch oder prustet die feinen Sachen wieder heraus. Geniessen gehört auch zur Lachparty. Denn: Geniessen ist das Lächeln der Seele!»

Lachende Brötchen

# Ha-Ha-Ha-Hackbraten 🧑‍🍳🧑‍🍳🧑‍🍳

Für 8 Personen

| | |
|---|---|
| 3 | Weggli oder Semmeln oder 3–4 Brotscheiben, zerkleinert |
| 2 EL | Öl |
| 1–2 | mittelgrosse Zwiebeln, fein gehackt |
| 3 | Knoblauchzehen, fein gehackt |
| 100 g | Petersilie, fein geschnitten |
| 800 g | Rindfleisch, gehackt |
| 200 g | Kalbsbrät |
| 1 | Ei |
| 2 | Eigelb |
| 1 ½ TL | Salz |
| wenig | Paprika, Pfeffer aus der Mühle Rosmarin, grob gehackt Thymian und Majoran, frisch, gehackt oder getrocknet |
| 2–3 EL | Paniermehl |
| Mehl | zum Bestäuben |
| 5 EL | Öl zum Anbraten |
| 2 dl | Bouillon |

TOPFHANDSCHUHE SIND MEGACOOL WENNS IM BACKOFEN HEISS WIRD!

**1** Weicht Weggli, Semmeln oder Brotscheiben in einem tiefen Topf in heissem Wasser ein. Wichtig: Gebt genügend Wasser dazu, damit sich die Brötchen vollsaugen können und weich werden.

**2** Gebt das Öl in eine Pfanne, dann Zwiebeln und Knoblauch, dünstet diese und fügt zuletzt die gehackte Petersilie bei. Abkühlen lassen und in eine grosse Schüssel geben.

**3** Nun gebt ihr Fleisch, Brät, Eier, Gewürze und Kräuter dazu.

**4** Giesst jetzt das Wasser von den eingeweichten Brötchen ab. Presst sie gut aus, zerdrückt sie und gebt sie zur Fleischmasse.

**5** In der Zwischenzeit den Backofen auf 180 Grad vorheizen und einen Bräter in den Ofen stellen.

6 Verknetet nun gründlich alle Zutaten zur Fleischmasse und mischt das Paniermehl darunter, bis die Masse gut zusammenhält.

7 Formt aus einer kleinen Portion Fleischmasse einen kleinen Hamburger, bratet ihn in etwas Öl an und probiert ihn. Vielleicht braucht es noch mehr Salz oder Gewürze.

8 Formt aus der Fleischmasse nun einen Braten. Ihr könnt ihn mit Mehl bestäuben.

9 Erhitzt das Öl im Bräter und bratet den Hackbraten im Ofen an.

10 Gebt die Bouillon dazu und lasst den Braten bei 160 Grad etwa 40 bis 50 Minuten schmoren. Giesst falls nötig zwischendurch etwas Wasser nach.

11 Nehmt den Braten aus dem Ofen und lasst ihn etwa 5 bis 10 Minuten ruhen.

12 Dann gebt den Hackbraten auf ein Brett und schneidet ihn in etwa 1 cm dicke Scheiben. Serviert den Bratensaft separat und geniesst den Ha-Ha-Ha-Hackbraten.

### Tipp

Dazu könnt ihr einen Blattsalat mit eurer Lieblingssauce servieren.

# Ho-Ho-Ho-Holunderblütensirup

Ergibt 4 Liter Sirup

- 3 l  Wasser
- 2 kg  Zucker
- 15–18  Holunderblütendolden, trocken, am Nachmittag bei vollem Sonnenschein gepflückt
- 3  Zitronenscheiben
- 60 g  Zitronensäure (aus der Drogerie)

**ACHTUNG !!!** BEACHTET MEINEN TIPP, DENN SONST KÖNNTE DER SIRUP GÄREN UND IM SCHLIMMSTEN FALL DIE FLASCHE EXPLODIEREN! DAS WÄRE DANN GAR NICHT ZUM LACHEN...

1 Kocht das Wasser mit dem Zucker auf und lasst es dann abkühlen.

2 Trennt die Blütendolden von den Stängeln und pustet alles Ungeziefer (Läuse!) aus. Mischt sie zusammen mit den Zitronenscheiben und der Zitronensäure unter den Zuckersirup und lasst es 5 bis 6 Tage zugedeckt an einem kühlen Ort stehen.

3 Dann könnt ihr den Sirup abseihen und in vorher gut gereinigte verschliessbare Flaschen abfüllen. Die Flaschen verschliessen und den Sirup an einem kühlen, dunklen Ort ruhen lassen.

4 Nach 5 Tagen ist der Sirup bereit zum Geniessen.

5 Gebt 1 cm hoch Holunderblütensirup in ein 2-Deziliter-Glas und füllt es mit kaltem Wasser, Mineralwasser oder Apfelschorle auf.

### Tipp

Eine Gärung könnt ihr verhindern, indem ihr nach dem Abseihen etwa eine Messerspitze (oder ½ g) Natriumbenzoat beigebt und gut verrührt. Es ist in Apotheken und Drogerien erhältlich. Dann ist der Sirup ein Jahr haltbar, ohne diesen Zusatz nur vier Wochen.

# Ho-Ho-Ho-Holunderbowle

Ergibt etwa 2 ¾ Liter

- ½ l  Holunderblüten-Sirup
- 3 dl  Orangensaft, frisch gepresst
- 1 l  Birnen- oder Apfelsaft
- 10  Pfefferminzblätter
- 1 l  Mineralwasser
-   Eiswürfel

1 Giesst den Sirup und die Säfte in eine Bowlenschüssel, rührt alles gut um und streut die Pfefferminzblätter ein.

2 Lasst die Bowle im Kühlschrank zugedeckt ungefähr 1 ½ Stunden ziehen.

3 Vor dem Servieren gebt ihr das Mineralwasser und Eiswürfel dazu.

4 Serviert die Bowle in geeigneten Gläsern mit einem Trinkhalm.

# Hi-Hi-Hi-Himbeermousse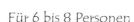

Für 6 bis 8 Personen

| | |
|---|---|
| 800 g | Himbeeren |
| 250 g | Zucker |
| 150 g | Quark |
| 3 | Blätter Gelatine |
| 2 dl | Rahm |
| 3 EL | Wasser |

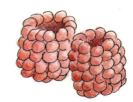

1. Püriert 600 Gramm Himbeeren im Mixer und gebt den Zucker dazu.

2. Gebt Quark in eine passende Schüssel und verrührt ihn gut mit der Himbeer-Zucker-Mischung.

3. Weicht die Gelatineblätter in einer Schüssel mit kaltem Wasser ein.

4. Schlagt den Rahm steif.

5. Nehmt die Gelatineblätter aus dem Wasser und drückt sie gut aus.

6. Erhitzt das Wasser in einem kleinen Pfännchen, gebt die ausgedrückten Gelatineblätter dazu und rührt sie gut um, bis sie aufgelöst sind. Nun rührt ihr die aufgelöste Gelatine unter die Himbeer-Quark-Mischung.

7. Mischt den Schlagrahm langsam und vorsichtig unter die Masse.

8. Füllt die Himbeermousse gleichmässig in die Gläser und stellt sie bis zum Servieren kühl.

9. Verteilt die restlichen Himbeeren vor dem Servieren als Dekoration auf die Gläser.

# Die Blumenparty

Dora möchte ihre drei Freundinnen zu einer Blumenparty einladen und bittet Cocolino um einige gute Tipps. Sie kichert: «Rate mal, was der Anlass dazu ist!» Sie reisst ihren Mund weit auf und zeigt ihre Zähne. «Wir haben alle vier die gleiche Zahnlücke! Wenn wir uns mit Löwenzahn und anderen Blumen schmücken, sehen wir sicher wieder hübscher aus. Ich möchte mit meinen Freundinnen auch Blumenvasen basteln und bemalen.

«Aha!» Cocolino grinst über das ganze Gesicht. «Das wird ein richtiges Blumenkränzchen.» Sie setzen sich an den Tisch, und Doras Berater schenkt ihnen beiden Holunderblütensirup ein. Cocolino kennt nicht nur die Pflanzen in seinem Gemüse- und Kräutergarten, sondern auch jene in Wiese und Wald. Deshalb weiss er, welche man in der Küche verwenden kann und welche man nicht essen darf, weil sie giftig sind.

«Ich dekoriere gerne Salate, kleine Brötchen und Desserts mit Blüten, weil diese dann schön farbig und appetitlich aussehen.» Und nach dem letzten Schluck Sirup erzählt Cocolino dem Zahnlückenkätzchen die hübsche Geschichte vom Gänseblümchen.

# Diese Blüten kann man essen

Nicht alle Blumen und Blüten dürft ihr verwenden, denn es gibt einige, die sehr giftig sind.
Das Gleiche gilt auch für Beeren und Früchte.

Von allem, was ihr nicht kennt: Hände weg!

Blumen und Blüten vom Wegrand sollte man wegen Hundekot und -urin nicht sammeln.
Auch auf gedüngten Wiesen sollt ihr keine Blumen zum Essen pflücken.

# Blumen-Salat

### Einige Salatsorten:

| | |
|---|---|
| Kopfsalat | Rucola |
| Eisbergsalat | Eichblattsalat |
| Schnittsalat | Endivie |
| roter Chicorée | Chinakohl |
| Kresse | Nüsslisalat (Feldsalat) |

> SALATE IMMER ZUERST RÜSTEN, DANN WASCHEN, GUT ABTROPFEN LASSEN, VERMISCHEN UND MIT BLÜTEN BESTREUEN ... UND ZULETZT EURE LIEBLINGSSAUCE DAZUGEBEN!

## Essig-Öl-Sauce

Für 4 Personen

| | |
|---|---|
| 2 EL | Balsamico- oder Obstessig |
| 1 TL | Senf |
| wenig | Salz, Pfeffer aus der Mühle |
| 3–4 EL | Oliven-, Raps- oder Sonnenblumenöl |

Diese Sauce könnt ihr, ganz wie es euch gefällt, mit gehackten Zwiebeln, gehacktem Knoblauch, geschnittenen Kräutern, zum Beispiel Petersilie, Schnittlauch, Kerbel, Estragon, Pfefferminze usw., ergänzen.

1  Den Essig mit Senf, Salz und Pfeffer gut verrühren.

2  Dann langsam das Öl dazugeben. Probieren, ob euch die Sauce schmeckt, und eventuell noch nachwürzen (dies nennt man auch «abschmecken»).

## Französische Salatsauce

| | |
|---|---|
| 1 TL | französischer Senf (Dijon oder scharfer Senf) |
| 2 EL | Mayonnaise |
| wenig | Salz |
| 2 EL | Weissweinessig |
| 3 EL | Öl |
| 1 EL | Rahm |
| 1 | Knoblauchzehe, fein gehackt |

**1** Senf, Mayonnaise, Salz und Essig gut miteinander verrühren.

**2** Öl und Rahm langsam darunterrühren und die Sauce sämig rühren.

**3** Den Knoblauch beigeben und nochmals abschmecken.

## Rahm-Salatsauce

| | |
|---|---|
| Wenig | Salz |
| 1 Prise | Zucker |
| 1 EL | Ketchup |
| 2 EL | Zitronensaft |
| 6 EL | Rahm |

**1** Salz, Zucker, Ketchup und Zitronensaft miteinander verrühren.

**2** Den Rahm zuletzt dazugeben. Ihr könnt auch Kaffeerahm oder Sauerrahm dafür verwenden.

## Joghurt-Salatsauce

Die Zubereitung ist genau gleich wie für die Rahm-Salatsauce, doch anstelle von Rahm verwendet ihr 6 Esslöffel Joghurt.

## Die Geschichte vom Gänseblümchen

Als Gott die Welt erschuf, fragte er am sechsten Tag alle Blumen, ob sie mit ihrem Aussehen zufrieden seien. Die Rose bat: «Lieber Gott, ich möchte so herrlich duften wie keine andere der Blumen.» Auch die Orchidee meldete sich. Ihr Wunsch war, farbiger und bunter zu wirken. Also nahm Gott die restlichen Farben aus den Farbkübeln und verteilte diese auf ihre Blüten. So konnte jede Blume ihren Wunsch anbringen. Am siebten Tag segnete Gott alle Blumen. Die Rose bedankte sich und fragte, welches denn nun seine Lieblingsblume sei. Er antwortete: «Es ist das Gänseblümchen, denn es war von Anfang an zufrieden und bescheiden.» Als das Gänseblümchen diese Worte hörte, errötete es. Und deshalb gibt es davon Blüten mit roten Spitzen.

# Die Waldgeisterparty

An einem sonnigen Sommernachmittag kann man unter dem duftenden Blätterdach des Waldes kleine Waldgeister beobachten, die über den weichen Moosboden krabbeln und Tannenzweige, Stecken und Zapfen sammeln. Sie tragen das Material zu dem Ort, wo sie ihr Waldhaus bauen wollen. Dort erkennt man den Baumeister Cocolino. Er hat zwei grosse Körbe bei sich, gefüllt mit Getränken und Delikatessen für das Picknick. Auch ein Geschenk für das Geburtstagskind, das zum Waldkönig ernannt worden ist, hat er dabei. Die Waldelfe Dora und der Kobold Pomo suchen grosse Steine für die Begrenzung einer sicheren Feuerstelle, wo sie später Kartoffeln, Äpfel und leckere Spiesse braten wollen.

# Kartoffeln aus der Glut

Für 10 Personen

| | |
|---|---|
| 10 | mittelgrosse Kartoffeln, sauber gewaschen |
| | Salz |
| 1 Sträusschen | Majoran |
| 10 Stücke | Alufolie zum Einpacken der Kartoffeln |

1 Bereits zu Hause könnt ihr die Kartoffeln waschen, jede auf ein Stück Alufolie legen, ein Zweiglein Majoran darauflegen und leicht mit Salz bestreuen.

2 Dann wickelt ihr die Kartoffeln gut in die Alufolie.

3 Legt die Kartoffeln an den Rand des Feuers. Sobald das Holz niedergebrannt ist und sich Asche und Glut gebildet haben, häuft ihr mit einer Schaufel oder einem Stecken Asche über die eingewickelten Kartoffeln.

4 Kontrolliert nach 30 Minuten mit einem Holzspiess, ob die Kartoffeln weich sind. Dann nehmt ihr die Kartoffeln aus der Asche. Achtung: Heiss! Benützt dafür Topfhandschuhe!

5 Öffnet die Folie, schneidet von den Kartoffeln einen Deckel weg und stecht mit einem Kaffeelöffel Kartoffelstücke aus. Mit Salz bestreut geniessen.

*ICH WOLLTE NUR DIE KARTOFFELN AUS DER GLUT PICKEN...*

# Knackwurst oder Cervelat vom Spiess

Für 10 Personen

| | |
|---|---|
| 10 | Knackwürste oder Cervelats, enthäutet |
| 10 | Haselnussstecken oder Holzspiesse, mindestens 1 m lang und 1 1/2 cm dick |

1 Spitzt die Stecken mit einem Messer vorne zu – dabei immer vom Körper weg arbeiten.

2 Schneidet die Würste an jedem Ende über Kreuz 2 cm tief ein und steckt sie an die Spiesse.

3 Bratet die Würste über der Glut, bis die Enden wie gespreizte Beinchen abstehen und knusprig sind.

# Bürgermeister Cäsar Knödelmeiers Ehrenparty

Pomo und Dora steigen in Cocolinos kleines Bürozimmer. Picki-Nicki plustert sich auf. «Achtung, der Chef macht eine wichtige Mitteilung!»

Cocolino freut sich auf einen ganz besonderen Anlass, der gut vorbereitet werden muss. Er ist deshalb auf die Mitarbeit seiner Freunde angewiesen. «Bürgermeister Cäsar Knödelmeier und seine Gattin laden vier Kinder des Städtchens, die aussergewöhnliche Leistungen vollbracht haben, zu einer Ehrung und einem festlichen Essen in unser Baumrestaurant ein. Nicolas hat in der Schule eine grossartige Forschungsarbeit über Mäuse geschrieben, Lisa hat den Musikwettbewerb gewonnen, Gregor wurde Juniorensportler des Jahres und Anaïs hat einem Schulkameraden das Leben gerettet.»

«Cocomio, miaouuu!» Die Katzengeschwister sind beeindruckt. Cocolino hat den beiden alle Einzelheiten aufgeschrieben, zum Beispiel Rezepte, Zeitplan, Tischordnung und vieles mehr. «Es ist nicht nur ein Anlass für Kinder, sondern auch für Herrn und Frau Knödelmeier. Deshalb solltet ihr einige Regeln der Tischkultur und des guten Benehmens kennenlernen. Das wird euch auch später im Leben nützen. Picki-Nicki wird euch unterrichten, denn er hat alles bei mir gelernt.» Pomo und Dora kichern. «Ausgerechnet Picki-Nicki, der freche Schnabel!»

# Picki-Kniggi

Freiherr Adolf von Knigge lebte von 1752 bis 1796. Er schrieb das Buch «Über den Umgang mit Menschen», das ihn so berühmt gemacht hat, dass man heute im Zusammenhang mit Regeln des Anstands und Benehmens nur vom «Knigge» spricht. In den verschiedenen Kulturen der Welt unterscheiden sich oft die Arten des Umgangs miteinander. Auf Reisen sollte man sich daher über die Sitten anderer Länder informieren, um unangenehme Missverständnisse zu vermeiden.

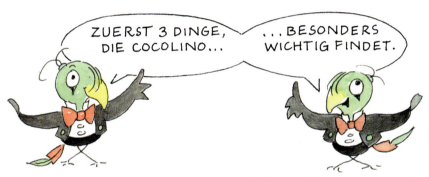

Wenn ihr eine Person bei der Begrüssung offen anschaut und lächelt, werdet ihr es im Leben oft leichter haben.

Verhaltet euch immer so, wie ihr erwartet, dass sich jemand euch gegenüber verhält. Sicher tut ihr das oft … aber man sollte immer daran denken.

Danke sagen zeigt, dass ihr es schätzt, wenn euch eine Person etwas Gutes tun wollte, zum Beispiel mit einem Geschenk oder einem lieben Wort. Danken kostet nichts, ist aber Gold wert!

Wascht euch die Hände, bevor ihr euch an den Tisch zum Essen setzt. Ist doch klar: Katzen sind immer gerne sauber.

Am Tisch sitzt man gerade, schwatzt nicht mit vollem Schnabel, ähh … nicht mit vollem Mund und schleckt den Teller nicht aus.

Das Besteck hält man zwischen Zeigefinger und Daumen, nicht in der Faust. Ein schönes Glas hält man am Stiel, die Tasse am Henkel.

DAMIT IHR EUCH WÄHREND DER EHRENPARTY DES BÜRGERMEISTERS SICHER FÜHLT, MÜSST IHR NOCH EINIGE REGELN LERNEN.

SO WIRD DER TISCH GEDECKT.

Die Reihenfolge des Bestecks richtet sich nach dem Ablauf des Menüs. Was zuerst benötigt wird, liegt ganz aussen, was man zuletzt braucht, liegt innen. Ein kleiner Brotteller mit Brotmesser ist auf der linken Seite.

Für unser Festmenü seht ihr folgendes Besteck von links nach rechts:
1 Kleines Brotmesser
2 Kleine Gabel für die Vorspeise
3 Grosse Gabel für den Hauptgang
4 Serviette
5 Grosses Messer für den Hauptgang
6 Löffel für die Suppe
7 Kleines Messer für die Vorspeise
8 Kleine Kuchengabel (Griff links)
9 Löffel für Creme (Griff rechts)
10 Weinglas (für die Erwachsenen)
11 Wasserglas

WER WIRD ZUERST BEDIENT?

AUCH DAS BESTECK KANN SPRECHEN!

Danke, bin bedient. Bitte noch mehr!

Wenn Erwachsene am Tisch sitzen, werden zuerst die Damen bedient oder die Person, die gefeiert wird.

DER BÜRGERMEISTER HAT SICH DIESE TISCHORDNUNG GEWÜNSCHT.

BRAVO! DAS HAST DU GUT GEMACHT.

JETZT KÖNNEN DIE «KNÖDELS» RUHIG KOMMEN.

# Nüsslisalat

Für 10 Personen

| | | | |
|---|---|---|---|
| 750 g | Nüsslisalat (Feldsalat) | Für die Salatsauce: | |
| 5 | Eier | 2 EL | milder Senf |
| 30 | halbe Baumnusskerne (Walnüsse) | 1 | Eigelb |
| | | 4 | EL Rahm |
| | | ½ dl | Obstessig |
| | | 1 ½ dl | Nuss- oder Sonnenblumenöl |
| | | 1 Prise | Salz, etwas Pfeffer aus der Mühle |

**1** Den Salat rüsten und dreimal gut in viel kaltem Wasser waschen, in einem Sieb abtropfen lassen.

**2** Die Eier in siedendes Wasser geben und 8 Minuten kochen (oder direkt aus dem Kühlschrank 10 Minuten). Schälen.

**3** Für die Salatsauce verrührt ihr in einer passenden Schüssel Senf, Eigelb und Rahm gut mit dem Schwingbesen. Gebt den Obstessig dazu und rührt weiter. Giesst nun in feinem Strahl das Öl dazu und rührt fortwährend mit dem Schwingbesen weiter, bis eine cremige Sauce entsteht. Sie sollte aber nicht zu dickflüssig sein. Würzt die Sauce nun mit Salz und Pfeffer.

**4** Gebt den Salat auf Suppen- oder Salatteller und verteilt die Salatsauce gleichmässig darüber. Schneidet die Eier in Scheiben und legt sie mit je 3 halben Nüssen pro Teller auf den Salat.

# Herbstgemüsesuppe

Für 10 Personen

| | |
|---|---|
| 600 g | Gemüse (z. B. Sellerie, Karotten, Lauch, Wirsing oder Kohl sowie Kartoffeln) |
| ½ dl | Oliven- oder Erdnussöl |
| 2 | Zwiebeln, geschält, fein geschnitten |
| 2 l | Bouillon oder Wasser |
| | Salz, Pfeffer aus der Mühle |
| 2 EL | Schnittlauch, fein geschnitten |
| 2 EL | Petersilie mit Liebstöckel oder Majoran oder Kerbel, fein gehackt |

1 Zuerst wird das Gemüse vorbereitet: Sellerie und Kartoffeln schälen, in 1 cm dicke Scheiben, dann diese in 1 cm breite Stängel schneiden und diese in feine Blättchen schneiden. Karotten schälen, der Länge nach vierteln und ebenfalls feinblättrig schneiden. Den Lauch der Länge nach vierteln, waschen und in feine Streifen schneiden. Wirsing oder Kohl vierteln, den Strunk wegschneiden, den Rest zuerst in 1 cm dicke Scheiben und diese dann ebenfalls in feine Streifen schneiden.

2 Gebt das Öl in einen grossen Topf und erhitzt es leicht. Dünstet die Zwiebeln leicht an. Gebt das Gemüse ohne die Kartoffeln dazu und dünstet es, bis es etwas zusammenfällt. Dann etwa 10 Minuten auf kleiner Stufe weiter dämpfen und dabei immer wieder rühren, damit nichts anbrennt.

3 Gebt die Bouillon beziehungsweise das Wasser dazu und lasst es 20 Minuten köcheln. Wenn ihr Wasser nehmt, würzt es bereits mit etwas Salz und Pfeffer.

4 Zuletzt gebt ihr die Kartoffeln dazu und lasst alles nochmals etwa 15 Minuten köcheln.

5 Würzt die Suppe mit Salz und Pfeffer. Giesst sie zum Servieren in einen Suppentopf, bestreut sie mit Kräutern und stellt sie mit einem Suppenschöpfer auf den Tisch.

6 Wärmt die Suppenteller oder -tassen vor dem Servieren leicht im Backofen oder in der Wärmeschublade vor.

### Tipp

Im Frühling könnt ihr für die Gemüsesuppe anstelle von Kohl oder Wirsing Kohlrabi verwenden, im Sommer statt Sellerie Zucchetti und statt Wirsing Tomatenwürfel (Zucchetti und Tomaten aber erst mit den Kartoffeln in die Suppe geben, damit sie nicht verkochen).

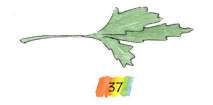

# Rindsgulasch mit Pilzen

Für 10 Personen

| | |
|---|---|
| ½ dl | Erdnussöl |
| 1,2 kg | Rindfleisch, in ca. 2 cm grosse Würfel geschnitten (geeignete Fleischstücke: Schulter, Stotzen) |
| 1 kg | Zwiebeln, geschält, halbiert, in dünne Scheiben geschnitten |
| 5 | Knoblauchzehen, geschält, in feine Scheiben geschnitten |
| 2 | farbige Peperoni (Paprika), gewaschen, halbiert, entkernt, in ca. 1½ cm grosse Würfel geschnitten |
| 3 EL | Tomatenpüree |
| 1 EL | Mehl zum Bestäuben |
| 3–4 TL | mildes Paprikapulver (oder 2 TL scharfes Paprikapulver) |
| 8 dl | leichte Bouillon |
| | Salz, Pfeffer aus der Mühle, Lorbeerblatt |
| 250 g | kleine Champignons, halbiert, gewaschen |

1. Stellt einen Schmortopf mit Deckel oder eine grosse Bratpfanne auf die heisse Platte, gebt das Erdnussöl hinein und erhitzt es.

2. Bratet die leicht gesalzenen Rindfleischwürfel – am besten in zwei Portionen – auf allen Seiten an.

3. Gebt Zwiebeln, Knoblauch und Peperoni dazu und dämpft sie 10 Minuten auf kleiner Stufe. Dabei immer wieder rühren, damit nichts anbrennt.

4. Gebt Tomatenpüree, Mehl und Paprikapulver dazu und rührt alles um.

5. Gebt die Bouillon und die Lorbeerblätter dazu und rührt wiederum gut.

6. Heizt den Backofen auf 180 Grad vor (falls eine Bratpfanne verwendet wurde, eine ofenfeste Form mit erwärmen).

**7** Füllt nun alles in die ofenfeste Form mit Deckel um oder deckt den Schmortopf zu, schiebt sie/ihn in den Backofen und lasst das Gulasch 1½ bis 2 Stunden bei 180 Grad zugedeckt schmoren. Dabei immer wieder kontrollieren, ob genügend Flüssigkeit vorhanden ist und eventuell mit Paprika, Salz und Pfeffer nachwürzen.

**8** Sobald das Fleisch weich ist, gebt ihr etwa 10 Minuten vor dem Servieren die Champignons dazu und lasst das Gulasch nochmals aufkochen.

SUPERFEIN IST ES MIT FRISCHEN PFIFFERLINGEN ODER STEINPILZEN!

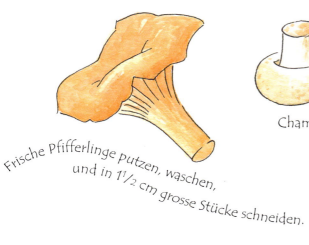

Frische Pfifferlinge putzen, waschen, und in 1½ cm grosse Stücke schneiden.

Champignons

Auch Steinpilze eignen sich; sie werden wie Champignons vorbereitet.

# Knöpfli

Für 10 Personen

| | |
|---|---|
| 500 g | Mehl |
| 1 | gestrichener TL Salz |
| wenig | Muskatnuss, gerieben |
| 5 | Eier, gut verrührt |
| 2 1/2 dl | Wasser oder |
| | 1 1/2 dl Wasser und 1 dl Milch |
| 50 g | Butter in kleinen Stücken |

1. Gebt das Mehl mit Salz und Muskat in eine grosse Schüssel und macht in der Mitte eine Vertiefung.

2. Verrührt die Eier und die Flüssigkeit gut und giesst sie in die Mehlmulde.

3. Verrührt mit den Fingern die Flüssigkeit von der Mitte aus mit dem Mehl, bis ein kompakter Teig entsteht. Klopft den Teig mit der Hand, bis er glatt ist und Blasen wirft.

4. Lasst den Teig bei Zimmertemperatur ungefähr 30 Minuten zugedeckt ruhen.

5. Lasst einen grossen Topf mit etwa 3 Liter Wasser und 1 1/2 Esslöffel Salz aufkochen.

6. Streicht einen Drittel des Teiges durch das Knöpflisieb in das kochende Wasser, lasst es erneut aufkochen und dann etwa 3 Minuten weiter kochen. Fischt die Knöpfli mit einer Schaumkelle heraus, gebt sie in kaltes Wasser und dann in ein Abtropfsieb.

7 Verarbeitet dann die restlichen beiden Drittel des Teiges wie das erste.

8 Vor dem Servieren bringt ihr nochmals 3 Liter leicht gesalzenes Wasser zum Kochen. Gebt 1 Esslöffel Öl dazu. Lasst die Knöpfli darin einmal kurz aufkochen und schüttet sie ab.

9 Gebt die Knöpfli in eine Servierschüssel und belegt sie mit den Butterstückchen.

# Spätzli

Spätzli sind etwas schwieriger und aufwendiger zu machen als Knöpfli.

Dazu gebt ihr den Teig portionenweise auf ein abgespültes Brett und schneidet ihn mit einem benetzten Teigschaber oder Messer in feine Streifen. Gebt die Teigstreifen direkt ins kochende Salzwasser und verarbeitet sie dann weiter wie die Knöpfli.

Knöpfli und Spätzli werden wie Nudeln oder Spaghetti normalerweise nicht gebraten. Möchtet ihr sie trotzdem gebraten essen, gebt ihr Butter in eine Pfanne und erhitzt dann die Knöpfli oder Spätzli darin.

# Karottenrädchen

### Für 10 Personen

| | | | |
|---|---|---|---|
| 1 ½ kg | mittelgrosse Karotten | 1 l | Mineralwasser oder Wasser |
| 40 g | Butter | 1 Prise | Zucker, etwas Salz |
| 150 g | Zwiebeln, geschält und gehackt | 3 EL | Petersilie, gehackt |

1 Schält die Karotten und schneidet sie in 3 Millimeter dicke Scheiben. Man kann sie auch auf einer Raffel in Scheiben hobeln.

2 Gebt Butter in eine flache, grosse Pfanne, lasst sie zergehen und dünstet die Zwiebeln kurz glasig, das heisst, sie sollen nicht anbräunen und geröstet werden.

3 Gebt die Karotten dazu, stellt die Hitze etwas zurück und dünstet sie auf schwacher Hitze unter Rühren etwa 10 Minuten. Gebt Wasser, Zucker und Salz dazu, sodass die Karotten knapp mit Flüssigkeit bedeckt sind.

4 Nun ungefähr 20 Minuten zugedeckt köcheln lassen, dabei immer wieder am Topf rütteln, ohne dass Wasser herausspritzt. Bei zu wenig Flüssigkeit noch etwas Wasser nachgiessen. Am Schluss sollte die Flüssigkeit fast eingekocht sein.

5 Vor dem Anrichten bestreut ihr die Karottenrädchen mit Petersilie.

# Marmorkuchen

Für eine Gugelhupfform von 1 bis 1½ Liter Inhalt

| | |
|---|---|
| 125 g weiche Butter | 1½ dl Milch |
| 2 Eier | 250 g Mehl |
| 125 g Zucker | 1 EL Backpulver |
| 1 Prise Salz | 3–4 EL Schokoladenpulver |
| ½ EL Vanillezucker | 1–2 EL Milch |

1. Heizt den Backofen auf 180 Grad vor und setzt den Rost auf die zweitunterste Rille. Buttert die Backform gut aus und bestäubt sie mit Mehl.

2. Gebt die Butter in eine Schüssel und rührt sie, bis sich Spitzchen bilden.

3. Gebt Eier, Zucker und Salz dazu und rührt, bis die Masse geschmeidig und hell ist.

4. Fügt Vanillezucker und Milch bei und mischt alles.

5. Siebt Mehl und Backpulver dazu und verrührt es gut.

6. Füllt die Hälfte der Masse in die vorbereitete Form.

7. Verrührt das Schokoladenpulver gut mit der Milch, sodass sich keine Knollen bilden, und mischt es unter die zweite Teighälfte; dann füllt ihr diese in die Form und mischt die beiden Massen leicht mit einer Gabel durch.

8. Den Marmorkuchen im vorgeheizten Ofen 40 bis 45 Minuten backen.

9. Nehmt ihn mit Topfhandschuhen aus dem Ofen, lasst ihn etwas abkühlen und stürzt ihn noch lauwarm auf ein Kuchengitter. Bestreut den Gugelhupf vor dem Servieren mit Puderzucker.

Tipp: Wie merkt ihr, ob der Kuchen genug gebacken ist? Stecht nach etwa 40 Minuten mit einem Holzspiess oder einer Stricknadel in den Gugelhupf. Ist beim Herausziehen noch Teig am Spiess oder an der Nadel, muss der Kuchen noch 5 Minuten weiter backen.

# Zitronencreme

Für 10 Personen

| | | | |
|---|---|---|---|
| 5 | Eigelb | 3 EL | heisses Wasser |
| 150 g | Zucker | 5 Blatt | Gelatine, in kaltem Wasser eingeweicht |
| 1½ | unbehandelte Zitronen, abgeriebene Schale | 5 | Eiweiss |
| 2½ dl | Zitronensaft | 5 dl | Rahm |

1 Rührt Eigelbe und Zucker in einer Schüssel schaumig.

2 Fügt Zitronenschale und Zitronensaft bei.

3 Gebt heisses Wasser und die ausgedrückte Gelatine in ein Pfännchen und löst diese bei sanfter Hitze unter Rühren auf. Giesst die aufgelöste Gelatine durch ein heiss ausgespültes Sieb zur Creme, mischt sie gut darunter und stellt die Creme kalt.

4 In der Zwischenzeit schlagt ihr in einer sauberen Schüssel das Eiweiss und in einer anderen Schüssel den Rahm steif.

5 Sobald die Creme leicht fest, aber noch nicht ganz gestockt ist, mischt ihr sofort sorgfältig den Eischnee und dann den Rahm darunter. Die Creme in Serviergläser füllen und kalt stellen.

6 Zum Servieren garniert ihr die Creme mit einer Frucht, einer Beere oder einer Zitronenspalte. Dazu serviert ihr den Marmorkuchen.

FÜR EURE LEISTUNG IN COCOLINOS KÜCHE VERLEIHE ICH EUCH DIE EHRENMEDAILLE!

# Die Multikulti-Party

In den vergangenen Jahren haben sich viele Familien mit Kindern aus allen Gegenden der Welt in der Umgebung des Baumrestaurants niedergelassen. Einige gehen mit Pomo und Dora zur Schule. Cocolino möchte diese Kinder zu einer grossen internationalen Party einladen, deren Höhepunkt ein leckeres Büffet werden soll. Auf der Einladungskarte steht, dass die Kinder als Geschenk einen Beitrag zum Büffet mitbringen sollen, eine Spezialität aus ihrer früheren Heimat. Die Rezepte der mitgebrachten Spezialitäten möchte Cocolino kopieren und zu einem hübschen Kochbüchlein zusammenheften, das er ihnen später als Erinnerung an diesen Anlass überreichen wird.

Pomo und Dora freuen sich schon auf die fremden Gerichte mit den neuen, ungewohnten Düften. Aber auch auf die Lieder, Tänze und Geschichten der Partygäste. Vielleicht werden einige sogar ihre traditionellen Kostüme anziehen. Picki-Nicki setzt sich aus Vorfreude schon den Sombrero auf und kräht unaufhörlich seine mexikanische Lieblingsmelodie «La Cucaracha, la Cucaracha …»

Cocolino leistet seinen Beitrag zur Multikulti-Party mit Zopf und Apfel-Frappé.

## Das Büffet

- Bei einem Büffet bedienen sich die Gäste selbst.
- 10 bis 12 Gäste müssen es mindestens sein, damit man ein vielfältiges Angebot schön präsentieren kann.
- Es sollten genügend Geschirr, Besteck und Gläser bereitgestellt werden (etwa ein Drittel mehr als normalerweise notwendig).
- Ein kleiner Tisch, wo die Gäste gebrauchte Teller, Gläser und Besteck abstellen können, sollte ebenfalls vorhanden sein.
- Stellt einen grossen Kehrichtsack bereit, wenn Wegwerfgeschirr, wie zum Beispiel Kartonteller, verwendet wird.

# Zopf

500 g Mehl
1 1/2 TL Salz
2 TL Zucker
60 g weiche Butter
15 g Hefe
3 dl lauwarme Milch
1 Ei, gut verrührt, zum Bestreichen

1 Gebt das Mehl in eine Schüssel und macht eine kleine Mulde. Streut Salz und Zucker auf den Mehlrand. Verteilt die Butter in kleinen Flocken rundherum auf dem Mehl.

2 Löst die Hefe durch Rühren in der Milch auf, gebt sie in die Mehlmulde und verrührt die Flüssigkeit von der Mitte her mit dem Mehl.

3 Knetet den Teig gut, bis er glatt und geschmeidig ist.

4 Deckt ihn mit einem Küchentuch ab und lasst ihn an der Wärme auf das Doppelte aufgehen.

5 Formt den Teig zu zwei gleich langen Strängen, die in der Mitte etwas dicker sind. Flechtet sie zu einem Zopf und legt diesen auf ein gebuttertes Blech.

6 Bestreicht den Zopf zweimal mit dem verrührten Ei. Schiebt ihn dann in die untere Hälfte des kalten Ofens. Schaltet ihn auf 220 Grad und backt den Zopf etwa 35 bis 45 Minuten.

JUHUI, ICH GEHE AUF!

So flechtet ihr einen Zopf.

**Backprobe**

Der Zopf sollte hohl klingen, wenn ihr auf dessen Unterseite klopft.

# Apfel-Frappé

Ein erfrischendes Getränk für 2 Personen

| | |
|---|---|
| 2 | säuerliche Äpfel, geschält, entkernt, in feine Schnitze geschnitten |
| 4 dl | kalte Milch |
| 2 EL | Zucker |
| 1 | Zitrone, Saft |

Püriert alle Zutaten fein im Mixer und serviert das Getränk sofort in hohen Gläsern.

**Tipp**

Ihr könnt daraus auch eine originelle kalte Suppe machen! Serviert sie in vorgekühlten Tellern oder Tassen und garniert sie mit einer Rahmhaube und einem Pfefferminzblatt.

# Die fünf Sinne

«Wir wollen jetzt zusammen ein Wunder erleben. Das Wunder sind wir selber, und wir wollen es hier in meiner Küche erleben.» Cocolino schaut geheimnisvoll auf seine drei Freunde. Picki-Nicki fragt wie beim Onkel Doktor: «Muss ich mich dafür ausziehen?» «Nein, das ist nicht nötig», lacht Cocolino. «Wir wollen auf einfache Art unsere Sinne kennenlernen. Ich habe jemanden in den Backofen gesteckt, der uns dabei helfen wird.»

Cocolino öffnet den Ofen und zieht ein Blech mit mehreren Brötchen heraus. Ein herrlicher Duft breitet sich in der Küche aus. «Diese Brötchen werden alle eure Sinne beschäftigen. Mit der Nase habt ihr bereits ihren Duft eingesogen. Mit den Augen könnt ihr an ihrer Farbe sehen, dass die Brötchen verschieden lang gebacken wurden: hell, goldbraun bis ganz dunkel. Euer Tastsinn wird euch etwas über die Form und Oberfläche erzählen und, beim festeren Drücken, ob das Gebäck knusprig, weich oder hart ist. Eure Ohren und der Gehörsinn werden zusätzlich bestätigen, ob das Brötchen schön knusprig ist. Nach dem Abkühlen der Brötchen könnt ihr den fünften Sinn, den Geschmacksinn prüfen. Ratet, welches Brötchen gut schmeckt, welches bitter, zu salzig, zu süss oder fade ist. Denn ich habe sie mit Absicht unterschiedlich zubereitet. Beobachtet, was und wo ihr es auf eurer Zunge und im Gaumen wahrnehmt.»

Die fünf Sinne schenken uns die Möglichkeit, das Essen und Trinken zu geniessen. Und darüber hinaus warnen sie uns auch vor verdorbenen, nicht mehr geniessbaren Lebensmitteln.

# Fest der fünf Sinne

Dies ist weniger eine Party, sondern eher ein Anlass, den ihr mit wenigen Freunden oder in der Familie machen könnt.

Interessant wird es, wenn ihr die Gerichte sehr aufmerksam zubereitet und alles, aber wirklich alles notiert, was eure Sinne dabei aufnehmen. Da wird euch ein Licht aufgehen, was wir alles als selbstverständlich und unbewusst empfinden.

Nach dem Essen könnt ihr eure Beobachtungen austauschen und werdet vielleicht staunen, was eure Freunde wahrgenommen haben.

# Kräutercremesuppe

Für 4 Personen

- 2 EL Butter
- 3 EL Mehl
- 6 dl Gemüsebouillon (oder Spargelfond)
- 2 dl Milch
- 1 dl Rahm
- Salz, Pfeffer aus der Mühle, Muskatnuss
- 1 Eigelb
- 3 EL Rahm
- 200 g frische Kräuter, gehackt, nach Wahl (z. B. Petersilie, Schnittlauch, Liebstöckel, Majoran, Thymian, Bärlauch, Sauerampfer, Basilikum, Kerbel usw.)

1. Erwärmt die Butter in einem Topf. Gebt das Mehl dazu und dünstet es auf kleiner Hitze unter ständigem Rühren.

2. Giesst Gemüsebouillon, Milch und Rahm dazu, kocht die Flüssigkeit unter ständigem Rühren auf und lasst sie dann auf kleiner Stufe weiter kochen.

3. Würzt die Suppe mit Salz, Pfeffer und Muskat so, bis sie euch gut schmeckt.

4. Verrührt das Eigelb und den Rahm gut in einer Suppenschüssel und giesst unter ständigem Rühren die Suppe dazu.

5. Mischt die frischen Kräuter darunter und serviert die Suppe sofort.

## HÖREN

# Knackige Stängel mit Dips

Für 10 Personen

Pro Person braucht man 100 bis 120 g vorbereitetes Saisongemüse:

Radieschen, geputzt und gewaschen
säuerlicher Apfel, in Schnitze geschnitten, Kerngehäuse entfernt
Salatgurke, geschält, in 8–10 cm lange Stängel geschnitten
Stangensellerie, gewaschen, in 8–10 cm lange Stängel geschnitten
farbige Peperoni (Paprika), halbiert, entkernt, gewaschen, in 8–10 cm lange Stängel geschnitten
Karotten, geschält, in 8–10 cm lange Stängel geschnitten

### Kräutersauce:

| | |
|---|---|
| 1 EL | Schnittlauch, fein geschnitten |
| 1 EL | Petersilie, fein gehackt |
| 1 EL | Dill oder Fenchel, fein gehackt |
| 2 | Knoblauchzehen, fein gehackt |
| 180 g | Sauerrahm |
| 60 g | Joghurt nature |
| 1/2 | unbehandelte Zitrone, Saft und abgeriebene Schale |
| | Salz, Pfeffer aus der Mühle |

1 Alle Zutaten zur Sauce in eine Schüssel geben, gut vermischen und nach Geschmack würzen.

2 Radieschen und Apfelschnitze auf Zahnstocher stecken und auf einer umgedrehten halben Grapefruit oder einem halben Kohlkopf verteilen.

3 Als zweiten Dip nach Belieben Mayonnaise mit Ketchup, Curry oder Senf usw. nach Geschmack mischen.

# Bunter Sommergemüse-Eintopf

Für 8 Personen

| | |
|---|---|
| 3 EL | Öl oder Butter |
| 2 | Zwiebeln, gehackt |
| 2 | Knoblauchzehen, gehackt |
| 2 EL | Bohnenkraut, gehackt |
| 400 g | junge Karotten, geschält, in Stäbchen geschnitten |
| 400 g | Kohlrabi, geschält, in Würfel geschnitten |
| 300 g | farbige Peperoni (Paprika), gewaschen, halbiert, entkernt, in Rhomben geschnitten |
| 2½ l | leichte Gemüsebouillon |
| 500 g | kleine neue Kartoffeln, gewaschen |
| 300 g | frische Erbsen, enthülst |
| 2 Bund | Schnittlauch, fein geschnitten |
| | Salz, Pfeffer aus der Mühle |

1 Öl oder Butter in eine weite Pfanne oder den Wok geben und erhitzen.

2 Fügt Zwiebeln, Knoblauch und Bohnenkraut bei und dünstet sie leicht.

3 Gebt Karotten, Kohlrabi und Peperoni dazu und dünstet sie kurz mit. Giesst 1½ Liter Bouillon dazu und kocht alles kurz auf.

4 Dann kommen die Kartoffeln und Erbsen dazu. Bedeckt das Gemüse knapp mit der restlichen Bouillon, würzt es mit Salz und Pfeffer, rührt es um und lasst es zugedeckt etwa 20 Minuten auf kleiner Stufe köcheln. Dabei von Zeit zu Zeit durchschütteln.

5 Vor dem Servieren streut ihr den fein geschnittenen Schnittlauch darüber und stellt den Topf auf den Tisch.

### Tipp

Für eine Herbstvariante dünstet separat in einer Pfanne 2 Esslöffel Öl, 1 gehackte Zwiebel und 3 gepresste Knoblauchzehen glasig. Gebt dann 250 Gramm geputzte Eierschwämmchen (Pfifferlinge) dazu und dünstet sie nochmals 5 Minuten. Würzt sie leicht mit Salz und Pfeffer und gebt dann alles zuletzt zum übrigen Gemüse. Der Schnittlauch kommt immer zuletzt dazu! Statt Eierschwämmchen könnt ihr auch Champignons nehmen.

# SEHEN

Mit Freude und Fantasie könnt ihr mit mehr oder weniger Aufwand schöne Dekorationen für die Augen zaubern.

# TASTEN

Mit geschickten Fingern
lassen sich Servietten zu einem Fächer falten.

1 Die Serviette in der Mitte falten, die offene Seite zeigt nach unten.

2 Rechts beginnen. Etwas mehr als die Hälfte in gleichmässigen Abständen mehrmals abwechselnd nach vorne und hinten falten, wie eine Ziehharmonika, und fest andrücken.

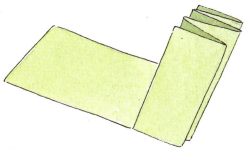

3 Die Serviette in der Mitte so nach oben legen, dass der gebrochene Teil aussen liegt.

4 Das glatte Rechteck schräg falten, sodass eine Stütze entsteht.

5 Den gebrochenen Teil zum Fächer auseinanderfallen lassen und das Ganze aufstellen.

# Würstchen im Schlafsack

Für 4 Personen

| | | | |
|---|---|---|---|
| 250 g | Blätterteig, ausgewallt | 4 Paar | Wiener Würstchen oder Frankfurter |
| 3 EL | Tomatenketchup | 1 | Ei |
| 1 Bund | Petersilie, gehackt | 2 EL | Sesamkörner |

1 Schneidet den Blätterteig in 8 gleich grosse Stücke, sodass jeweils Rechtecke von 6 x 12 cm entstehen.

2 Bestreicht jedes Teigstück mit Ketchup und bestreut es mit Petersilie.

3 Rollt die Würstchen in die Teigrechtecke ein.

4 Spült ein Backblech mit kaltem Wasser ab und legt die Würstchen im Schlafsack mit der Nahtseite nach unten darauf.

5 Verrührt das Ei mit etwas Wasser und bestreicht damit die Teigoberfläche. Bestreut diese dann mit dem Sesam.

6 Backt die Würstchen im vorgeheizten Backofen bei 220 Grad 20 bis 25 Minuten.

# Fondue Leckerschlecker

Für 4 Personen

| | | | |
|---|---|---|---|
| 2 | Äpfel | 12 | Löffelbiskuits |
| 1 | Zitrone, Saft | 1½ dl | Rahm |
| 2 | Bananen | 220 g | dunkle Schokolade |
| 150 g | Biskuitboden | 80 g | Nüsse, gehackt |

1 Schält die Äpfel, viertelt und entkernt sie und schneidet sie in Spalten. Beträufelt sie sofort mit etwas Zitronensaft, damit sie nicht braun werden.

2 Schält die Bananen und schneidet sie in 1 cm breite Stücke. Legt alles auf einen Teller.

3 Schneidet den Biskuitboden in mundgerechte Stücke und legt diese mit dem Löffelbiskuit auf einen anderen Teller.

4 Erhitzt den Rahm in einem Topf. Zerbröckelt die Schokolade und schmelzt sie bei mittlerer Hitze im Rahm. Dabei gut umrühren, damit die Schokolade nicht anbrennt.

5 Rührt zum Schluss die Nüsse in die Schokoladecreme und haltet sie auf einem Rechaud warm.

Jetzt gehts los!

Jeder spiesst sich jetzt abwechselnd Apfel- und Bananenscheiben sowie Biskuitwürfel auf eine Fonduegabel und zieht diese durch die Schokoladencreme. Die Löffelbiskuits nehmt ihr von Hand und taucht sie direkt in die Schokolade ... aber passt auf eure Finger auf, denn die Schokolade ist sehr heiss! Verliert jemand etwas von der Gabel, muss er eine Runde mit Schlecken aussetzen. Vielleicht habt ihr andere lustige Ideen, wie man die Schlecksünder büssen könnte.

# SCHMECKEN

Nase und Zunge sind dafür zuständig, dass wir Geruch und Geschmack der Speisen und Getränke wahrnehmen und geniessen können oder dass wir etwas nicht gut finden.

Die Zunge hilft uns nicht nur, die Nahrung zu den Zähnen zu lenken und die zerkleinerten Bissen in den Rachen zu befördern. Auf der Zunge befinden sich tausende von Geschmacksknospen, welche die Geschmacksempfindungen süss, sauer, salzig und bitter erkennen und an unser Hirn weiterleiten.
Die Geschmacksknospen für bitter, die sich hinten auf der Zunge befinden, sind zehntausendmal empfindlicher als jene für süss. Die Natur hat dies auch als Schutz für uns eingerichtet, damit wir schädliche oder gar giftige Stoffe, die oft bitter sind, schnell erkennen können.

# Die Zooparty

Von weitem sieht es aus, wie wenn die Tiere im Zoo freien Ausgang erhalten hätten. Gemeinsam ziehen sie friedlich in die Richtung von Cocolinos Baumrestaurant. Sie hopsen, schleichen, flattern, rennen, watscheln ... Aus der Nähe wird aber klar, dass es die als Tiere verkleideten Kinder sind, die Cocolino zur grossen Zooparty eingeladen hat.

Rund um seinen Baum hat Cocolino eine Spielwiese eingerichtet, wo sich die «Tiere» vergnügen können. Der Affe wirbelt auf der Schaukel, der Bär grüsst vom Kletterbaum, die Schlange schleicht die anderen an, Mäuse spielen Verstecken, Löwen versuchen Zebras zu fangen und umgekehrt, und andere rennen einem Ball hinterher.

Als der Zoowärter Cocolino die Tiere zum Essen ruft, staunen diese nicht schlecht. Er hat jeder Tierart ihr Lieblingsfutter zubereitet, oder etwas, das zu ihr passt. Dora hat wie immer einige der Rezepte in ihr Kochbüchlein geschrieben.

WEINE DOCH KEINE KROKODILSTRÄNEN. FÜR DICH GIBTS ETWAS AUF SEITE 60!

# Affenbrötchen

Für 1 Person

| | | | |
|---|---|---|---|
| 1 | Vollkornbrötchen | 1 TL | Zitronensaft |
| 1 EL | Butter | 1 TL | Rosinen |
| 1 | Salatblatt | 1 TL | Leinsamen |
| 2 EL | Magerquark | 1/2 | reife Banane, geschält |
| 1 TL | Honig | | |

1 Halbiert das Vollkornbrötchen und bestreicht beide Seiten mit Butter. Legt ein gewaschenes, trocken getupftes Salatblatt auf die untere Brötchenhälfte.

2 Mischt den Quark mit Honig, Zitronensaft und Rosinen. Anschliessend den Leinsamen darunterrühren.

3 Schneidet die Banane in dünne Rädchen. Zerdrückt sie in einem tiefen Teller mit einer Gabel und mischt sie unter den Quark. Verteilt diese Masse auf das Salatblatt und bedeckt es mit dem Deckel des Brötchens.

# Bärenstark

Porridge für 1 Person

| | |
|---|---|
| ¼ l | Milch |
| 2 EL | Haferflocken |
| 1 EL | Honig |
| 1 EL | Zitronensaft |
| ½ | Banane |
| ½ | Apfel |

1. Bringt die Milch in einem kleinen Topf zum Kochen. Schüttet die Haferflocken hinein und lasst sie bei schwacher Hitze ungefähr 20 Minuten aufquellen. Dabei müsst ihr ständig rühren.

2. Schmeckt den Haferbrei mit Honig und Zitronensaft ab.

3. Schält die Banane, schneidet sie in Scheiben und mischt sie unter den Haferbrei. Richtet diesen in einem Suppenteller an. Reibt den halben, ungeschälten Apfel mit der Reibe dazu.

Porridge ist ein Klassiker beim englischen Frühstück, dem Breakfast.

# Krokis Thonspaghetti

Für 10 Personen

| | |
|---|---|
| 3 l | Wasser |
| 1 EL | Salz |
| 1 Schuss | Olivenöl (damit die Spaghetti nicht kleben) |
| 500–600 g | Spaghetti |
| 2 Dosen | rosa Thon oder Thunfisch (à 200 g) in Öl |
| 150 g | schwarze Oliven, entsteint und in Viertel geschnitten |
| 15 | Cherrytomaten, gewaschen, geviertelt |
| | Salz, Pfeffer aus der Mühle |
| 10 | Basilikumblätter, gezupft |

1. Kocht das Wasser mit dem Salz und einem Schuss Öl in einem grossen Topf auf, gebt die Spaghetti unter Umrühren hinein und kocht sie so lange, bis sie «al dente» sind, das heisst noch leicht Biss haben. Schüttet sie in ein Sieb, gebt sie zurück in den Topf und haltet sie warm.

2. Erwärmt kurz den Thon mit seinem Öl, den Oliven und Cherrytomaten und mischt dies alles unter die warmen Spaghetti. Würzt die Spaghetti mit Salz und Pfeffer nach Geschmack.

3. Gebt sie in eine grosse Schüssel und bestreut Krokis Lieblingsspeise zuletzt mit dem Basilikum.

# Vogelfutter

Für 4 bunte Vögel

| | | | |
|---|---|---|---|
| 1 | Eisbergsalat | 1 EL | Kürbiskerne |
| 5 EL | Distelöl | 1 EL | Sonnenblumenkerne |
| 5 EL | Zitronensaft | 1 EL | Baumnüsse, grob gehackt |
| | Salz, Pfeffer aus der Mühle | 1 EL | Pinien- oder Erdnusskerne |
| 1 Prise | Zucker | | |

**1** Entfernt die äusseren welken oder unschönen Blätter und teilt den Eisbergsalat mit dem Strunk nach unten in Achtel. Spült die Stücke sorgfältig unter fliessendem Wasser, ohne dass die Stücke auseinanderfallen. Legt je zwei Achtel auf einen Teller.

**2** Verrührt in einer Schüssel Distelöl, Zitronensaft, Salz, Pfeffer und Zucker und träufelt es über die Salatstücke.

**3** Röstet in einer heissen Pfanne die Kerne und Nüsse leicht an, verteilt sie über den Salat und serviert diesen sofort.

# Hasenbrillen

### Karottenbrot für 1 Person

- 1 Scheibe Vollkornbrot (rund)
- 1 TL Butter
- 1 EL Frischkäse mit Kräutern
- 1 mittelgrosse Karotte, gewaschen, trocken getupft
- Petersilie und Kerbel, gehackt
- 1 Apfelscheibe

1 Bestreicht die Brotscheibe mit Butter und Frischkäse.

2 Hobelt die Karotte mit dem Gemüsehobel in dünne Scheiben und belegt das Brot damit.

3 Bestreut das Karottenbrot mit Petersilie und Kerbel und dekoriert es mit der Apfelscheibe.

WARUM BRAUCHEN HASEN KEINE BRILLEN?

WEIL SIE GERNE KAROTTEN ESSEN!

# Schlangenfrass

Für 4 Personen

200 g  feine Nudeln
       etwas Salz

Für die Vanillesauce:

1 EL   Stärkemehl (z. B. Maizena)
6 dl   Milch
150 g  Zucker
3      Eigelb
½      Vanillestängel, der Länge nach halbiert
180 g  Joghurt nature
500 g  Beeren, z. B. Himbeeren, kleine Erdbeeren, Johannisbeeren (gemischt oder einzeln)
8      Pfefferminzblätter

**1** Gebt die Nudeln mit einer Prise Salz in 1½ Liter kochendes Wasser und kocht sie weich. Schüttet die Nudeln in ein Sieb und lasst sie abkühlen.

**2** Für die Vanillesauce gebt Stärkemehl und Milch in einen Topf und verrührt beides gut.

**3** Verrührt Zucker und Eigelbe gut miteinander und gebt es zur Milch in den Topf.

**4** Fügt den halbierten Vanillestängel bei und bringt alles unter ständigem Rühren fast bis zum Kochen. Aber Vorsicht: Die Sauce darf nicht kochen, sonst gerinnt sie!

**5** Dann giesst die Sauce sofort in eine Schüssel, stellt diese in kaltes Wasser und lasst den Inhalt auskühlen. Dabei von Zeit zu Zeit die Oberfläche aufrühren, damit sich keine Haut bildet. Den Vanillestängel entfernen.

**6** Gebt die gut abgetropften Nudeln dazu und mischt den Joghurt darunter.

**7** Richtet die Nudeln mit der Vanillecreme in Suppentellern oder Schalen an, verteilt die Beeren darüber und dekoriert den Schlangenfrass mit den Pfefferminzblättern.

Guten Appetit und … Schlabber-Schlabber-Schlabber!!!

# Die Musikparty

Cocolinos Kindermusikfest hat begonnen. Alle, die ein Instrument spielen, haben es mitgebracht. Einige kommen sogar mit einem selbst gebastelten Instrument. Cocolino hat für diesen Tag das alte Klimperklavier seiner Grossmutter abgestaubt und auf Hochglanz poliert.

Auf einem Plakat steht in schöner Schrift das Konzertprogramm mit der Reihenfolge der Stücke. Einige Kinder spielen solo, andere haben zu zweit oder als Trio ein Stück eingeübt. Und zur Musik getanzt wird auch. Nach jeder Darbietung wird begeistert applaudiert, besonders, nachdem Cocolino mit seiner rauen, warmen Stimme ein Lied mit Gitarrenbegleitung vorgetragen hat.

Dann sagt er zum Publikum: «Ich bin froh, dass Picki-Nicki freiwillig aufs Singen verzichtet und dafür die feinen Sachen präsentiert und serviert, die Pomo und Dora mit mir vorbereitet haben. Geniesst die verführerischen Duftnoten und besonderen Geschmacksharmonien!»

Zum Abschluss der Musikparty spielen alle gemeinsam auf jeder Art von Küchengeräten ein bekanntes Musikstück, das zwar nicht Honig für die Ohren ist, aber unheimlich viel Spass macht.

# Klaviertasten-Trüffel

### Traumhaft süsse Tastenmelodie

**WIE VIELE WEISSE TASTEN HAT EIN KLAVIER?**

150 g dunkle Cremant-Schokolade
2 EL Doppelrahm
150 g weiche Butter
100 g Puderzucker
ungesüsstes Schokoladepulver und Puderzucker zum Wälzen

**UND WIE VIELE SCHWARZE TASTEN?**

1 Schneidet die Schokolade in feine, kleine Stücke. Bringt sie mit dem Doppelrahm vermischt in einer Schüssel über einem leicht kochenden Wasserbad zum Schmelzen. Verrührt sie gut und lasst sie leicht abkühlen.

2 Rührt die Butter in einer Schüssel, bis sich Spitzchen bilden. Siebt den Puderzucker dazu und rührt gut um. Gebt dann die geschmolzene Schokolade dazu, vermischt alles gut und stellt die Masse kühl, bis sie so fest ist, dass sie sich spritzen lässt.

3 Füllt die Masse in einen Spritzsack mit einer Tülle von 1 cm Durchmesser. Macht mit der Masse lange, gleichmässige Streifen auf Pergamentpapier und lasst sie abkühlen.

4 Schneidet sie in 2 und 3 cm lange Stücke und dreht in der Hand leicht die Kanten ab. Die kleineren Trüffel wendet ihr nun im Schokoladepulver, die grösseren im Puderzucker.

5 Kühl lagern!

**Tipp**

Diese Trüffel eignen sich als herrliches Geschenk. Verpackt sie sorgfältig in eine hübsche Schachtel.

Ein Klavier hat meistens 52 weisse und 36 schwarze Tasten.

# Coupe Musikus

Für 1 Portion

| | |
|---|---|
| 20 g | dunkle Kochschokolade |
| 250 g | frische Beeren (Himbeeren, Erdbeeren, Brombeeren, Heidelbeeren, Johannisbeeren usw., gemischt oder einzeln), gesäubert |
| 1 Portion | Vanilleeis |
| ½ EL | Zucker |
| ½ | Zitrone, Saft |
| 1 dl | Rahm, steif geschlagen |

1 Hackt zuerst die dunkle Kochschokolade fein. Bringt sie in einer Schüssel mit ein paar Tropfen Wasser über einem heissen Wasserbad zum Schmelzen.

2 Macht aus Pergamentpapier eine spitz zulaufende Tüte und füllt die flüssige Schokolade hinein. Schneidet von der Spitze der Tüte ein Stück weg, sodass eine kleine Öffnung entsteht.

3 Spritzt dann sofort einen Notenschlüssel auf Pergamentpapier und lasst ihn erkalten.

4 Gebt die Beeren und das Vanilleeis in ein Dessertglas, bestreut sie mit Zucker und beträufelt sie mit Zitronensaft.

5 Garniert den Coupe Musikus mit geschlagenem Rahm und setzt den Notenschlüssel aus Schokolade darauf.

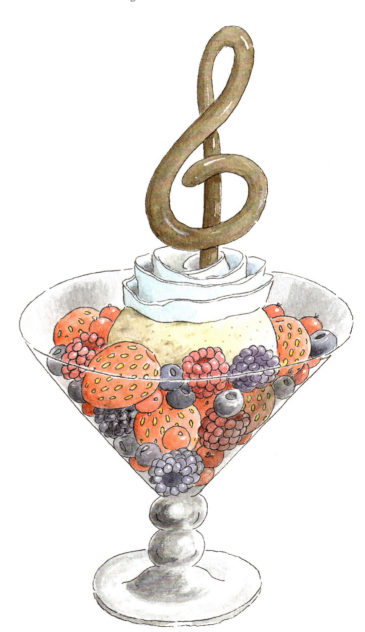

# Tanzpudding mit Beerensauce

Für 6 Personen

| | |
|---|---|
| 1½ dl | Milch |
| 1 dl | Wasser |
| ½ | Vanillestängel, der Länge nach halbiert |
| 50 g | Griess |
| 3 Blatt | Gelatine, in kaltem Wasser eingeweicht |
| 2 | Eiweiss |
| 60 g | Zucker |
| 1½ dl | Rahm |

**Für die Beerensauce:**

| | |
|---|---|
| 500 g | Brombeeren, Himbeeren, Heidelbeeren, Erdbeeren, gemischt oder einzeln |
| 1 | Zitrone, Saft |
| 2 EL | Puderzucker |

1 Kocht die Milch mit dem Wasser und dem Vanillestängel auf.

2 Streut den Griess hinein, rührt gut um und kocht ihn zu einem dicken Brei.

3 Nehmt ihn vom Herd. Gebt die ausgedrückte Gelatine dazu und mischt sie gut darunter.

4 Nehmt den Vanillestängel heraus, kratzt das Mark mit dem Messer heraus und gebt es zur Griessmasse. Auskühlen lassen.

5 Schlagt das Eiweiss mit dem Zucker zu steifem Schnee und mischt ihn unter den kalten Griessbrei.

6 Schlagt nun ebenfalls den Rahm steif und mischt ihn zuletzt darunter.

7 Füllt den Pudding in kalt ausgespülte Förmchen oder Tassen und stellt ihn 2 Stunden in den Kühlschrank.

## Zubereitung der Sauce

1. Püriert die Beeren mit dem Zitronensaft im Mixer und streicht sie durch ein feines Sieb. Fügt den Puderzucker bei und verrührt ihn gut.

2. Verteilt die Sauce auf die Teller. Stürzt den Tanzpudding und setzt ihn auf die Sauce. Garniert ihn mit einer Beere.

In der Fachsprache heisst dieser Pudding auch Griessflammeri.

# Die Winterparty

Auf Cocolinos Baumhaus liegt Schnee, und verschieden lange Eiszapfen hängen von den Dächern herab. Der Anblick ist zauberhaft.
Die Winterferien haben endlich begonnen. Cocolino möchte das Partyjahr mit einer Winterparty ausklingen lassen und hat deshalb die besten Freunde und Freundinnen von Pomo und Dora dazu eingeladen. Zusammen mit seinem Nachbarn, dem Kartoffelbauer Ottokar Toffel, hat er ein grosses Iglu gebaut, wo er Gästen den Apéro servieren kann.

Die Kinder formen in Gruppen die schönsten und lustigsten Schneemänner weit und breit. Hie und da fliegen Schneebälle durch die Luft und landen manchmal auf einer Mütze – schadenfreudiges Lachen erklingt mal hier, mal dort.
Während einer Pause wärmen sich die jungen Schneearbeiter im Iglu mit einem Punsch auf. Dann steigen sie ins angenehm geheizte Baumrestaurant, wo es schon herzerwärmend duftet. Mit roten Backen sitzen sie alle um den langen Tisch und geniessen Cocolinos feine Küchenwunder.

# Winterpunsch

Erwärmt 4 bis 6 Personen Nase, Gemüt und Herz

- 4 unbehandelte Zitronen, Saft, von 2 Zitronen Schale mit Sparschäler dünn abgeschält
- 8 Orangen (wenn möglich Blutorangen), Saft
- 1 Zimtstange
- 8 Nelken
- 1 l Wasser
- 10 EL brauner Kandiszucker (oder Honig oder Birnendicksaft)
- 6 Beutel Hagebuttentee

1 Bringt Zitronensaft und Orangensaft zusammen mit Zitronenschale, Zimt und Nelken zum Kochen und stellt ihn auf die Seite.

2 Kocht das Wasser mit dem Kandiszucker auf, hängt dann die Hagebuttenbeutel hinein und lasst den Tee ziehen (nicht kochen!).

3 Giesst die Zitronen-Orangen-saft-Mischung durch ein feines Sieb zum Hagebuttentee.

4 Entfernt die Teebeutel und füllt den Punsch in vorgewärmte Gläser.

# Multivitaminsaft

Vorbeugen gegen Erkältungen! Ergibt etwa 2 Liter

Zubereitung mit dem Entsafter:
- 1 kg Äpfel, gewaschen, ungeschält, entstielt, geviertelt und entkernt
- 250 g Sellerie, gewaschen, ungeschält, grob geschnitten
- 750 g Karotten, ungeschält, grob geschnitten
- 2 Zitronen, Saft
- 4 Orangen, Saft

1 Treibt das vorbereitete Obst und Gemüse durch den elektrischen Entsafter und mischt es sofort mit dem Zitronen- und Orangensaft.

2 Rührt den Saft gut auf serviert ihn in Gläsern mit Trinkhalm.

Zubereitung ohne Entsafter:
- 1 l naturtrüber Bio-Apfelsaft
- 2 dl Bio-Selleriesaft
- 5 dl Bio-Karottensaft
- 2 Zitronen, Saft
- 4 Orangen, Saft

Mischt alles miteinander und rührt es gut auf.

### Tipp

Ihr könnt noch etwas Honig zum Süssen beigeben. Ihr könnt den Saft in kleine Plastikbecher füllen, luftdicht verschliessen und sofort einfrieren. Nehmt den Becher am Abend vor dem Gebrauch aus dem Tiefkühlfach, lasst den Saft im Kühlschrank auftauen und geniesst ihn am nächsten Morgen.

# Gebratene Kastanien

1 kg Edelkastanien

1. Wascht die Kastanien.

2. Schneidet mit der Spitze eines Kastanienmessers oder eines spitzen, kurzen Küchenmessers die Schale auf der gewölbten Seite quer ein.

3. Legt die nassen Kastanien auf ein abgespültes Blech.

4. Bratet sie im auf 220 Grad vorgeheizten Backofen. Bespritzt sie von Zeit zu Zeit mit Wasser und schüttelt das Blech.

5. Nehmt nach 40 bis 50 Minuten eine Kastanie aus dem Ofen und probiert, ob sie gut gebraten ist.

6. Nehmt die heissen Kastanien heraus, füllt sie in ein Jutesäckchen, legt es in ein Körbchen und deckt es mit einer farbigen Serviette zu. Sofort geniessen!

Kleine Mengen können auch auf dem Herd in einer zugedeckten Bratpfanne geröstet werden. Bespritzt auch hier die Kastanien von Zeit zu Zeit mit Wasser und schüttelt die Pfanne. Bratet die Kastanien nicht auf höchster Stufe, damit sie nicht anbrennen. Sie sollen nur rösten.

# Gebackene Champignons

Für 4 Personen als Apéro

200 g kleine Champignonsköpfe, geputzt
Mehl zum Bestäuben
1 Ei, aufgeschlagen
Salz, Pfeffer aus der Mühle
Paniermehl
Erdnussöl zum Frittieren

1 Zuerst werden die Champignons mit Wasser kurz abgebraust und zum Trocknen auf Küchenpapier gelegt.

2 Bepudert die Champignons leicht mit Mehl.

3 Würzt das aufgeschlagene Ei mit Salz und Pfeffer, wendet die Champignons gut darin, lasst sie in einem Löchersieb abtropfen und wendet sie dann im Paniermehl.

4 Erhitzt Erdnussöl in der Fritteuse auf 160 Grad und backt die erste Hälfte der Champignons goldbraun aus. Lasst sie auf Küchenpapier abtropfen. Dann wird die zweite Hälfte ausgebacken.
Wenn keine Fritteuse vorhanden ist, füllt in eine Eisenbratpfanne etwa 2 cm hoch Erdnussöl und erhitzt es. Gebt zur Probe einen kleinen Pilz hinein. Wenn er sprudelnd zu backen beginnt, ist das Öl heiss genug. Nun die Pilze ebenfalls in zwei Portionen goldbraun und knusprig ausbacken, herausnehmen und auf Küchenpapier abtropfen lassen.

5 Steckt die Champignons zum Servieren auf Spiesschen oder Zahnstocher.

### Tipp

Dazu könnt ihr Mayonnaise mit gehackter Petersilie und Schnittlauch servieren.

# Die Resteparty

In Cocolinos Küche hängen und kleben an einem Holzbrett Zettel, die er aus Kalendern und Zeitschriften gerissen hat. Auf einem vergilbten Papierchen steht:

> «Ein guter Koch mit Fantasie
> vernichtet Speiseresten nie.
> Er lächelt schlau und macht daraus
> den allerbesten Festtagsschmaus.»

Auch wenn hungrige Gäste am Werk waren, bleiben oft Reste in den Töpfen und Schüsseln. Cocolino stellt für diese Fälle immer einige Plastikbecher und Aluminiumfolie bereit und gibt denen, die bis zuletzt geholfen haben, etwas auf den Heimweg mit.

Nach jeder Party hat Cocolino Pomo und Dora einige Tipps gegeben, wie man Reste veredeln kann. So haben die vier Kochfreunde am Tag danach oft noch eine Zusatzparty im kleinen Kreis gefeiert und ein Loblied auf jene gesungen, die etwas zurückgelassen haben. Und natürlich auf den grossen Meister, der ein neues köstliches Mahl aus den Resten erfunden hat!

# Hörnli-Wurst-Salat

### Für 6 Personen

1 kg gekochte Hörnli (Teigwaren) oder:
300 g Hörnli (Teigwaren)
1½ l Wasser
1½ EL Salz
3 Knackwürste oder Cervelats, geschält
1 Zwiebel, geschält und gehackt
12 Cherrytomaten, Stielansatz entfernt
1 Bund Schnittlauch

Für die Salatsauce:
2 TL milder Senf
4 EL Weissweinessig
6 EL Sonnenblumenöl
Salz, Pfeffer aus der Mühle

**1** Falls ihr keine oder nicht genug bereits gekochte Hörnli habt, kocht das Wasser mit dem Salz auf, gebt die Teigwaren dazu und kocht sie auf kleiner Stufe 8 bis 10 Minuten, bis sie «al dente» sind, das heisst noch etwas Biss haben. Schüttet die Teigwaren ab und kühlt sie sofort unter fliessendem kaltem Wasser ab, damit sie nicht nachgaren. Lasst sie gut abtropfen.

**2** Viertelt die Würste der Länge nach und schneidet sie in feine Scheiben. Mischt sie in einer Schüssel mit der gehackten Zwiebel, den geviertelten Cherrytomaten und dem fein geschnittenen Schnittlauch. Fügt die Teigwaren bei und vermischt alles gut.

**3** Für die Salatsauce verrührt den Senf mit dem Essig. Gebt das Öl langsam dazu und rührt weiter. Würzt mit Salz und Pfeffer. Gebt die Sauce zum Salat, mischt alles gut und schmeckt es nochmals ab.

# Brotkuchen

Für eine Springform von 20 cm Durchmesser

| | |
|---|---|
| ½ l | heisse Milch |
| 200 g | altbackenes Brot, in grobe Würfel geschnitten |
| 1 | Ei |
| 80 g | Honig oder Birnendicksaft |
| ½ | unbehandelte Zitrone, Saft und abgeriebene Schale |
| 1 EL | Kakaopulver |
| 1 EL | Lebkuchengewürz |
| 50 g | Haselnüsse, gemahlen |
| 100 g | Rosinen |
| | Pinienkerne oder gehackte Haselnüsse zum Bestreuen |
| 40 g | Butterflocken |

**1** Kocht die Milch auf, giesst sie über das Brot und wartet, bis dieses weich ist. Zerpflückt es dann mit zwei Gabeln.

**2** Heizt den Backofen auf 180 Grad vor. Fettet den Rand der Springform ein und belegt den Boden mit Backpapier.

**3** Gebt alle Zutaten bis und mit den Rosinen zum Brot und mischt alles gut durch.

**4** Füllt die Brotmasse in die Form, streut die Nüsse darüber und belegt den Kuchen mit den Butterflocken.

**5** Backt den Brotkuchen in der Mitte des Ofens bei 180 Grad 40 bis 50 Minuten.

# Der Party-Abwasch-Song

Wir sind die Wischwasch-Gruppe,
eine super Truppe,
machen lange noch nicht schlapp.
Sind frisch wie Saftmelonen,
wach wie Kaffeebohnen,
räumen – schwupps! – die Party ab.

Wir sind die Wischwasch-Gruppe,
eine super Truppe,
waschen   hopp! – die Töpfe rein.
Wir singen, lachen, schaffen,
machen Lärm wie Affen,
wollen immer Freunde sein.

Wir sind die Wischwasch-Gruppe,
eine coole Truppe;
haben unsern Job getan.
Es sieht das Partyhaus
wie vor der Party aus,
und alles fängt von vorne an!

ERFINDET EINE EIGENE MELODIE DAZU!

# Die Rezepte

Affenbrötchen 59
Apfel-Frappé 47
Apfelmus mit Schokowürmchen 15
Aprikosen- und Mandelkonfekt 14
Blumensalat 28
Brotkuchen 76
Cervelat vom Spiess 31
Champignons, gebackene 73
Coupe Musikus 67
Dips 51
Fondue Leckerschlecker 56
Hackbraten 22
Häppchen, bunte 19
Hasenbrillen 62
Herbstgemüsesuppe 37
Himbeermousse 25
Holunderbowle 24
Holunderblüten-Himbeer-Sekt 12
Holunderblütensirup 24
Hörnli-Wurst-Salat 75
Karottenbrot (Hasenbrillen) 62
Karottenrädchen 41
Kartoffeln aus der Glut 31
Kastanien, gebratene 72
Knackige Stängel mit Dips 51
Knackwurst vom Spiess 31
Knöpfli 40

Kräutercremesuppe 50
Kräutersauce 51
Marmorkuchen 42
Multivitaminsaft 71
Nüsslisalat 36
Partytraum (Holunderblüten-Himbeer-Sekt) 12
Popcorn 13
Porridge (Bärenstark) 60
Regenbogen-Joghurt-Cocktail 18
Rindsgulasch 38
Salatsaucen
    Essig-Öl-Sauce 28
    französische Salatsauce 29
    Joghurt-Salatsauce 29
    Rahm-Salatsauce 29
Schlangenfrass 63
Sommergemüse-Eintopf, bunter 52
Tanzpudding mit Beerensauce 68
Thonspaghetti, Krokis 60
Trüffel, Klaviertasten- 66
Vogelfutter 61
Winterpunsch 71
Würstchen im Schlafsack 55
Zitronencreme 43
Zopf 46

# Die Autoren

## Oskar Marti

Geboren 1947, bekannt als «Chrüteroski», zählt zur Spitze der Schweizer Kochkünstler und machte sich als einer der ersten Wegbereiter einer naturnahen, saisonalen Küche einen Namen. In seiner 36-jährigen selbstständigen Tätigkeit, davon gut 25 Jahre im legendären Gasthof «Moospinte» in Münchenbuchsee, unweit von Bern, konnte er seine Kochphilosophie, die harmonische Verbindung von Wildpflanzen mit der klassischen Küche, erfolgreich verwirklichen und weiterentwickeln. Heute, nach Beendigung der Wirtetätigkeit, ist er weiterhin beratend sowie mit Vorträgen und Kursen im Gastgewerbebereich tätig, setzt sich für die Stiftung Cocolino ein und verfasst Beiträge für verschiedene Printmedien. Oskar Marti ist der geistige Vater von «Cocolino» und Autor der «Cocolino»-Kochbücher sowie vieler weiterer Kochbücher.

www.chrueteroski.ch

## Oskar Weiss

Geboren 1944. Mit Fantasie, Humor, Poesie und seinem unverwechselbaren Stil begeistert der «Bildererfinder» aus Muri bei Bern sein Publikum jeden Alters. Augenzwinkernde Menschenbeobachtung, Liebe fürs Detail und die Freude, sich selbst und die Betrachter seiner Bilder zu überraschen, prägen seine Arbeiten. Viele seiner Bücher und Cartoons erhielten internationale Auszeichnungen. Neben unzähligen Kreationen, von der kleinen Briefmarke bis zu grossen Wandmalereien, schuf Oskar Weiss viele Arbeiten für seine zahlreichen Ausstellungen. Oskar Weiss hat auf Anregung von Oskar Marti den Kater Cocolino und all die anderen Figuren erfunden, die Geschichten geschrieben und die Cocolinobücher Seite um Seite gestaltet.

www.oskarweiss.ch

Cocolinos Leidenschaft fürs Kochen ist legendär und wunderbar ansteckend. Mit seinem Wissen und seinem Humor weckt der Kinderfreund mit der Spiegelei-Augenklappe seit Jahren bei Kindern und Jugendlichen das Interesse für die Vielfalt der saisonalen Köstlichkeiten, für eine gesunde Ernährung und eine gepflegte Tischkultur.

Cocolino und seine Kreateure Oski & Oski, der Spitzenkoch Oskar Marti und der Bildererfinder und Texter Oskar Weiss, haben für ihre Aktivitäten zahlreiche Preise in Deutschland und der Schweiz erhalten. Die Schweizer Post hat ihnen 2006 als Anerkennung eine Briefmarke gewidmet und das Schweizer Fernsehen eine 26-teilige Filmserie ausgestrahlt.

Mit der gemeinnützigen «Stiftung Cocolino für eine kindergerechte Zukunft» soll Kindern und Jugendlichen durch Wissensvermittlung und Veranstaltungen eine bewusste, gesunde und naturnahe Ernährung nahegebracht werden.

Auf www.cocolino.ch finden interessierte junge Köche und Köchinnen sowie Freunde Cocolinos ergänzende Informationen zu diesem Buch, viele Partytipps von Cocolino, Vorlagen zum Herunterladen sowie viel weiteres Wissenswertes. Ebenso eine Übersicht über Cocolinokurse und -anlässe, die von der «Stiftung Cocolino für eine kindergerechte Zukunft» oder den vielen Cocolino-Fachberaterinnen organisiert und durchgeführt werden.

Weitere Rezepte findest du in den Büchern «Kochen mit Cocolino» Band 1–4.

www.cocolino.ch